¡Aprende Ya!
Escalas Para Guitarra

POR EDWARD J. LOZANO

T0061351

Para obtener al audio, visite:
www.halleonard.com/mylibrary

Enter Code
2887-2381-8651-3013

ISBN 978-0-8256-2846-7

Visit Hal Leonard Online at
www.halleonard.com

Contact us:
Hal Leonard
7777 West Bluemound Road
Milwaukee, WI 53213
Email: info@halleonard.com

In Europe, contact:
Hal Leonard Europe Limited
42 Wigmore Street
Marylebone, London, W1U 2RN
Email: info@halleonardeurope.com

In Australia, contact:
Hal Leonard Australia Pty. Ltd.
4 Lentara Court
Cheltenham, Victoria, 3192 Australia
Email: info@halleonard.com.au

Cover photography by Randall Wallace
Interior design and layout: Len Vogler

Índice

Lista de temas musicales del audio

1. Afinación
2. Do mayor
3. Do menor natural
4. Do menor armónico
5. Do mayor pentatónica
6. Do menor pentatónica
7. Tres notas ascendente
8. Tres notas descendente
9. Cuatro notas ascendente
10. Cuatro notas descendente
11. Cinco notas ascendente
12. Cinco notas descendente
13. Seis notas ascendente
14. Seis notas descendente
15. Siete notas ascendente
16. Siete notas descendente
17. 1-3-2-1 ascendente
18. 8-6-7-8 descendente
19. 1-5-4-3 ascendente
20. 8-4-5-6 descendente
21. 1-6-5-4 ascendente
22. 8-3-4-5 descendente
23. 1-7-6-5 ascendente
24. 8-2-3-4 descendente
25. Segundas ascendente
26. Segundas descendente
27. Terceras ascendente
28. Terceras descendente
29. Cuartas ascendente
30. Cuartas descendente
31. Quintas ascendente
32. Quintas descendente
33. Arpegio de triadas ascendente
34. Arpegio de triadas descendente
35. Arpegio de septimas ascendente
36. Arpegio de septimas descendente
37. Jónico
38. Dórico
39. Frigio
40. Lidio
41. Mixolidio
42. Eólico
43. Locrio

Introducción

Bienvenido a *¡Aprende ya! Escalas para guitarra.*

Este método te servirá como una guía práctica para comprender las escalas. Conseguiremos esto contestando algunas preguntas que comúnmente causan confusíon:

- *¿Qué son las escalas?*
- *¿Cómo se construyen?*
- *¿Por qué funcionan de la forma en la que lo hacen?*
- *¿Dónde puedo usarlas?*

¿Cómo vamos a contestar estas preguntas?

Para empezar, vamos a construir una base al tratar algunos aspectos básicos de la teoría, para que puedas entender cómo se construyen y relacionan las escalas y los acordes (esto responderá a tres preguntas: ¿qué son?, ¿cómo se construyen? y ¿por qué funcionan de la manera en la que lo hacen?). Esto es importante porque el entendimiento del idioma musical te permitirá expresarte mejor. De hecho, la mayoría de los conceptos erróneos que en especial se tienen sobre las escalas y cómo usarlas, se originan en los guitarristas que no tienen una clara comprensión teórica de la materia. No te preocupes, enseguida vamos a tratar el tema de la teoría de la música. Una vez que entiendas la teoría relacionada con una escala, entenderás todas las escalas.

Se incluyen además sugerencias y patrones para practicar porque es importante saber *cómo* usar las escalas antes de que puedas aprender *dónde* usarlas.

Por último, todos los tipos de escalas y patrones de práctica se demuestran en el audio que acompaña al libro. Debes notar sin embargo, que sólo se tocan en la tonalidad de Do (C). Una vez que estés familiarizado con el sonido que produce esa escala podrás tocar esa escala en cualquier tonalidad. Hay también un repaso (del cual se habla en la sección de *Teoría de las escalas*) para cada escala que proporciona toda la información pertinente para cada escala.

Tanto los principiantes como los guitarristas expertos se beneficiarán de *¡Aprende ya! Escalas para guitarra* ya que este método sirve también como una guía de consulta. En resumen, este libro es indispensable para cualquier guitarrista que busca expandir su comprensión de las escalas mientras mejora su ejecución melódica.

Diagramas de acordes y escalas

Los diagramas que se usan para ilustrar los acordes y las escalas son bastante fáciles de leer. El diagrama muestra una parte del diapasón de la guitarra. Las líneas verticales representan las cuerdas de la guitarra con la cuerda más gruesa a la izquierda y la más delgada a la derecha. Las líneas horizontales representan los trastes. La cejuela de la guitarra se representa con la línea oscura horizontal en la parte superior del diagrama. Si la línea superior no es oscura, entonces el diagrama representa una sección de la mitad del diapasón del lugar exacto que se indica con el número de traste a la derecha del diagrama. Los puntos que aparecen en los diagramas muestran dónde debes colocar los dedos. Una X sobre la parte superior de la línea indica que la cuerda debe ensordecerse o no tocarse. Un O sobre la parte superior de la línea indica que la cuerda debe tocarse al aire.

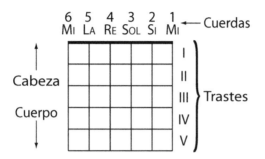

Sistema básico de tablatura y notación musical común

La música de este libro se ha escrito usando los sistemas de tablatura y notación musical común. El sistema de *tablatura* ha tenido una larga historia que data de la música del laúd del Renacimiento. Hoy en día el sistema de tablatura (TAB, por su abreviatura en inglés) usa seis líneas horizontales. Cada una de estas líneas representa una cuerda de la guitarra; la cuerda 1 la más aguda y la cuerda 6 la más grave. Los números que aparecen en las seis líneas indican la posición del traste, mientras que el cero (0) indica que la cuerda se debe tocar al aire.

La tablatura te dará sólo el tono. Tienes que ver la notación común para determinar la duración de cada nota. Fíjate en el diagrama a continuación para ver los valores de las notas.

Cómo usar este libro

El propósito de este libro/audio es proporcionarte una introducción para tocar escalas en la guitarra. Además, este libro sirve también como una guía de consulta.

Hay una sección sobre el *Círculo de quintas* que explica los aspectos básicos del movimiento de los acordes. Es importante desarrollar un entendimiento fundamental de cómo se organiza la música y cómo se relacionan las escalas y los acordes. Así mismo, la explicación de *El ciclo cromático* proporciona otra fórmula para practicar escalas y acordes.

La sección de *Teoría de las escalas* explica cómo se crean las escalas, fórmulas para crearlas en cualquier tonalidad y los acordes con los que se usan. No te dejes intimidar por los términos teóricos que se tratan en esta sección, ya que son bastante básicos.

A continuación, se presenta una sección que trata de *Cómo practicar*. Muchos guitarristas principiantes quieren practicar, pero sencillamente no saben por dónde empezar. Esta sección explica los beneficios de la práctica y ofrece algunas sugerencias que harán que tus sesiones de práctica sean interesantes y divertidas. También se incluyen bastantes patrones de práctica diferentes que se demuestran en el audio que acompaña al libro.

La siguiente sección sirve de guía de consulta en donde se muestran todas las escalas en sus tonalidades correspondientes. Para cada tipo de escala se muestran dos maneras: un patrón comienza con la tónica en la sexta cuerda y el segundo patrón comienza con la nota principal en la quinta cuerda. Las escalas comienzan en la tonalidad de Do (C) y siguen de forma cromática en todas las doce tonalidades.

Este audio ha sido especialmente diseñado y demuestra todos los patrones de práctica y escalas en la tonalidad de Do. El sonido relativo de la escala no cambia de tonalidad a tonalidad, así que puedes usar el audio como punto de referencia. El audio contiene también, sin embargo, demostraciones de los modos y patrones de escalas de tres notas por cuerda.

Pista 1 Todos los ejemplos se tocan con la guitarra afinada en A = 440Hz que es la afinación habitual. Agarra tu guitarra, afínala con el tema musical de afinación y comencemos.

El círculo de quintas

Uno de los principios más importantes que establecen el movimiento de los acordes es el hecho de que existe una tendencia natural muy fuerte de las notas, a descender una quinta justa (o ascender una cuarta justa). Observa más abajo en la escala de Do (C), la nota Sol (G) quiere ir hacia la nota Do (C), ya sea descender una quinta perfecta o ascender una cuarta perfecta. Toca la nota Sol (G) seguido de la nota Do (C) en tu instrumento y escucharás esta fuerte tendencia.

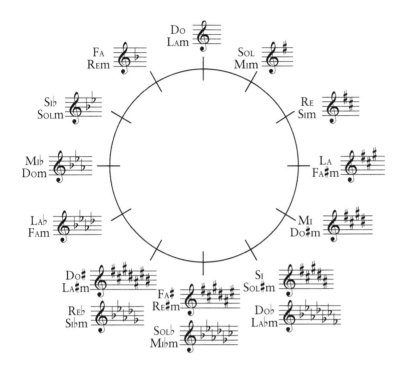

El ciclo cromático

El círculo de quintas ilustra el movimiento de una quinta perfecta en una dirección (siguiendo las manecillas del reloj) y una cuarta perfecta en la otra dirección (en dirección contraria a las manecillas del reloj). De cualquiera de las dos maneras, al seguir el diagrama comienzas en la nota, acorde o tonalidad de Do (C) para terminar en la nota de Do (C) al haber tocado todas las 12 notas, acordes o tonalidades. El mismo principio se puede usar mientras se toca un ciclo cromático con tan sólo alterarlo en semitonos (tanto de forma ascendente como descendente) hasta que llegues a la próxima nota de Do (C) una octava más aguda o grave.

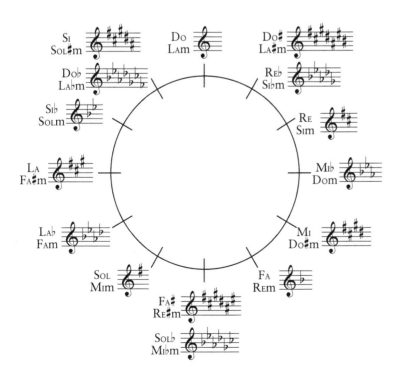

Teoría de las escalas

Las notas suben en una serie de tonos para formar una *escala*. Un *tono* es la distancia entre dos notas generalmente separadas por dos trastes, mientras que un *semitono* es la distancia entre dos notas contiguas. Fíjate en el siguiente ejemplo y observa que a medida que las notas del pentagrama suben, suben también los números de la representación en la tablatura (TAB).

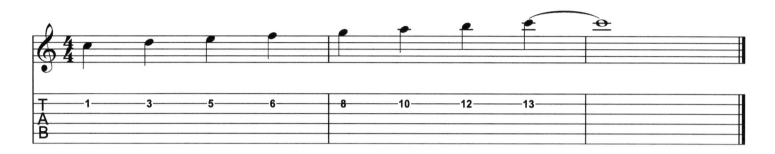

Al cambiar la combinación de tonos y semitonos podemos cambiar el tipo de escala. Usaremos la escala de Do (C) mayor como punto de referencia. El siguiente diagrama ilustra la escala con números comunes.

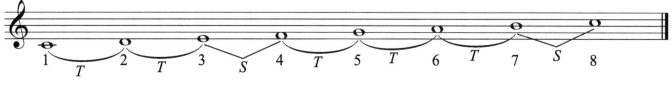

Los números comunes se refieren a los *grados de la escala* o las notas en sí mismas; por ejemplo, en la tonalidad de Do (C) mayor, el grado 2 de la escala se refiere a la nota Re (D), el grado 5 de la escala se refiere a la nota Sol (G), el grado 7 de la escala se refiere a la nota Si (B), *etc.* La distancia entre dos notas, o un grado de la escala a otro, se llama *intervalo*.

A continuación se muestra una guía de consulta de las escalas que trata el libro. Esta guía de escalas se puede aplicar a cualquier tonalidad.

    Escala: MAYOR
    Fórmula: 1 2 3 4 5 6 7 8
    Construcción: T T S T T T S
    Tipo de acorde: MAYOR

Se menciona primero el tipo de escala seguido de la fórmula. La *fórmula* ilustra los grados de la escala que forman esta escala. Después, se muestra la *construcción* que es la fórmula de tonos y semitonos que se usan para crear esta escala. (Esto te permitirá construir esta escala en cualquier nota). A continuación le siguen los *tipos de acordes* con los que comúnmente se usa esa escala; por ejemplo, las melodías creadas con la escala mayor, funcionaran bien sobre tipos de acordes mayores.

Vamos a ver más de cerca cada escala.

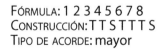 El sonido de la ***escala mayor*** es la base fundamental de la mayoría de nuestra música. La escala mayor, al ser la más popular, nos sirve de punto de referencia y se identifica por los semitonos que tiene entre los grados 3 y 4 de la escala y los grados 7 y 8 de la escala. Esta escala funciona bien sobre cualquier acorde mayor.

    Fórmula: 1 2 3 4 5 6 7 8
    Construcción: T T S T T T S
    Tipo de acorde: mayor

Pista 3 La **escala menor natural** se construye en el grado sexto de la escala mayor. Aunque existen muchas otras escalas menores, ésta es la que más se usa de las escalas menores y se la considera como la verdadera tonalidad menor. La escala menor natural sirve también como base a la armonía de la escala menor. Los semitonos de esta escala ocurren entre los grados 2 y 3 de la escala y entre los grados 5 y 6 de la escala.

FÓRMULA: 1 2 ♭3 4 5 ♭6 ♭7 8
CONSTRUCCIÓN: T S T T S T T
TIPO DE ACORDE: menor

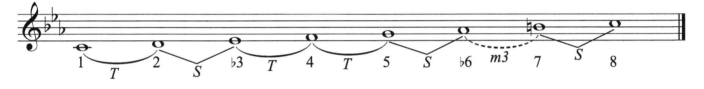

Pista 4 La **escala menor armónica** es la preferida de los músicos de *jazz* para tocar solos sobre m(maj7). Además, los guitarristas con influencias clásicas como Randy Rhoads y Yngwie Malmsteen lanzaron la fusión neoclásica de la generación de guitarristas de los ochenta que usaban los sonidos que crea esta escala.

FÓRMULA: 1 2 ♭3 4 5 ♭6 7 8
CONSTRUCCIÓN: T S T T S m3 S
TIPO DE ACORDE: m(maj7)

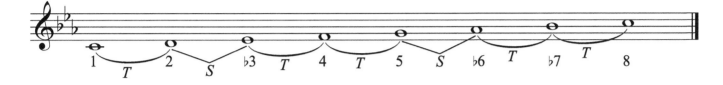

Pista 5 La **escala mayor pentatónica** se deriva de la escala mayor. Todos los guitarristas deben estar familiarizados con esta escala ya que se escucha con frecuencia en la música *country* y la música *rock*. Muchas de las melodías de la música folclórica de diversas culturas se basan también en esta escala.

FÓRMULA: 1 2 3 5 6 8
CONSTRUCCIÓN: T T m3 T m3
TIPO DE ACORDE: mayor

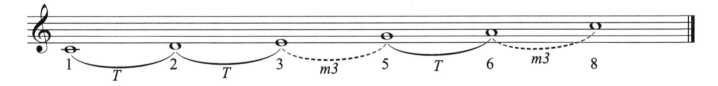

Pista 6 La **escala menor pentatónica** es la base de la música de *blues* y, por supuesto, el *rock* y *jazz* basado en la música de *blues*. Este modo contiene las mismas notas que los modos dórico, frigio y eólico. En ocasiones se combina con estos modos para crear interesantes melodías.

FÓRMULA: 1 ♭3 4 5 ♭7 8
CONSTRUCCIÓN: m3 T T m3 T
TIPO DE ACORDE: menor

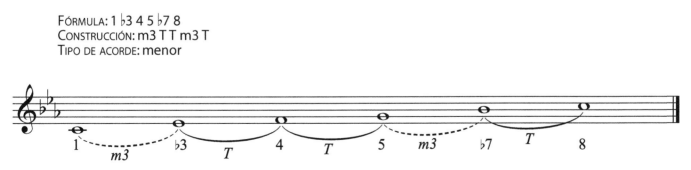

Cómo practicar

La práctica de las escalas es una manera perfecta de ejercicio musical. Practicas la dexteridad de los dedos y la coordinación entre las dos manos, mientras desarrollas la velocidad, fuerza y resistencia. Además de esto, entrenas y desarrollas tu oído musical mientras adquieres disciplina rítmica. Estos beneficios ocurren más o menos de forma natural cuando practicas habitualmente y de forma correcta. No existe *una única* manera correcta de practicar. En realidad, tú desarrollas tu propio método de práctica. Expondremos, sin embargo, algunas sugerencias que te ayudarán a organizarte. Una vez que estés organizado, debes mantener la rutina.

Me gustaría comenzar diciendo que no creo en los ejercicios sin sentido. No creo en los ejercicios que se conocen como *ejercicios aeróbicos para guitarra* ya que carecen de musicalidad y nuestro objetivo es obtener *musicalidad*. Para cualquier técnica que trates de desarrollar, existe una pieza musical real que te ayudará a practicar ese aspecto. Lo ideal es que desarrolles una rutina que pueda adaptarse fácilmente a situaciones que ocurren al tocar en la vida real.

Por lo tanto, te ofrezco algunas sugerencias que ayudarán a comenzar. Aunque algunas de estas sugerencias son generales, trata de prestarles atención especial ya que ultimadamente añadirás casi todas estas sugerencias, si no todas, a tu rutina personal.

- *Dedica un porcentaje de tu práctica diaria a las escalas; por ejemplo, si practicas durante una hora al día, dedica quince o veinte minutos de ese tiempo a estudiar escalas.*

- *Comienza con algo que sea fácil y te resulte familiar, por ejemplo la escala de Do (C) mayor y muévela hacia arriba y hacia abajo del diapasón de forma cromática o en el círculo de quintas (después hablaremos más de esto).*

- *Canta la escala mientras la tocas. Los beneficios de esto podrían llenar un libro. Algunos de los beneficios de esto son: Aprender nuevas digitaciones o escalas más rápido, desarrollar coordinación del oído y la mano, escuchar las líneas musicales antes de tocarlas, etc.*

- *Trata de variar la articulación y el fraseo. Toca las escalas de forma staccato y después legato. Incorpora ligado ascendente y ligado descendente y glissando, etc.*

- *Usa un metrónomo, caja rítmica o máquina de ritmo. Esto te ayudará no solamente para medir tu progreso, pero algo más importante; guiará tu desarrollo de ritmo y tempo.*

- *Intenta variar los patrones rítmicos: toca corcheas, semicorcheas, tresillos de corchea, etc.*

- *Usa diferentes secuencias de escalas (he incluido algunas de ellas en la próxima sección).*

- *Usa las escalas para desarrollar nuevas técnicas de la mano derecha. Trata de tocar cada nota con doble-, triple- y cuádruple-plumilleo o toca con patrones con los dedos. Si eliges patrones de escalas familiares entonces la mano izquierda tocará de forma automática y te podrás concentrar en la mano derecha.*

Patrones de práctica

Los siguientes patrones son ejemplos de secuencias melódicas y rítmicas que te ayudarán a aprender las escalas. Se han escrito en una forma abreviada, porque después de los primeros tres compases podrás descifrar la dirección del patrón.

seis notas ascendente

etc.

seis notas descendente

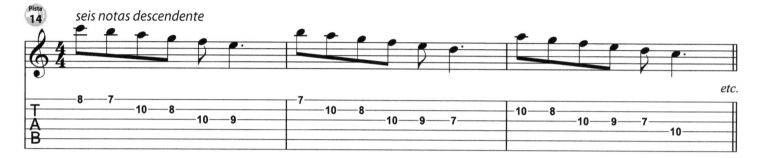

etc.

siete notas ascendente

etc.

siete notas descendente

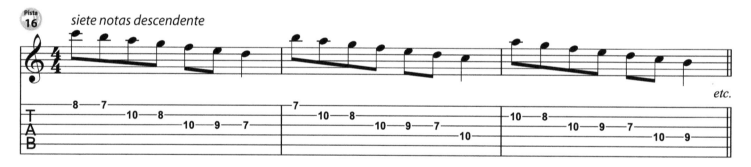

etc.

1-3-2-1 ascendente

etc.

8-6-7-8 descendente

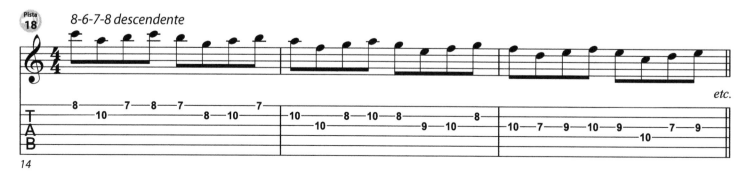

etc.

Pista 19 — *1-5-4-3 ascendente*

etc.

Pista 20 — *8-4-5-6 descendente*

etc.

Pista 21 — *1-6-5-4 ascendente*

etc.

Pista 22 — *8-3-4-5 descendente*

etc.

Pista 23 — *1-7-6-5 ascendente*

etc.

Pista 24 — *8-2-3-4 descendente*

etc.

segundas ascendente

segundas descendente

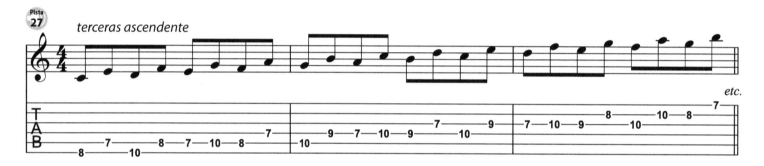

terceras ascendente

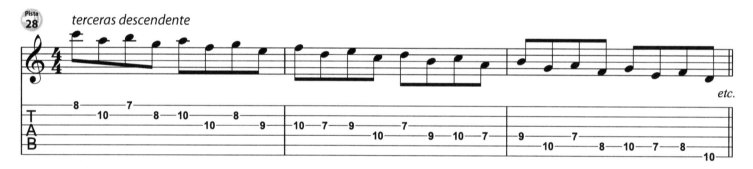

terceras descendente

cuartas ascendente

cuartas descendente

16

Pista 31 — *quintas ascendente*

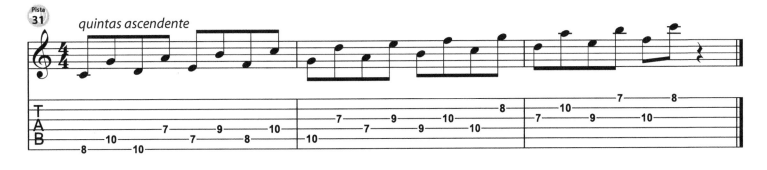

Pista 32 — *quintas descendente*

Pista 33 — *arpegio de triadas ascendente*

etc.

Pista 34 — *arpegio de triadas descendente*

etc.

Pista 35 — *arpegio de septimas ascendente*

etc.

Pista 36 — *arpegio de septimas descendente*

etc.

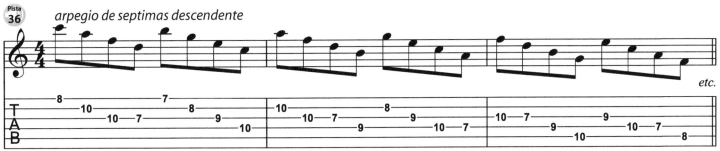

Escalas en el tono de Do (tónica en la 6ª cuerda)

Do mayor

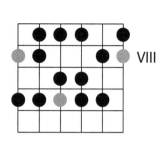

Do menor natural

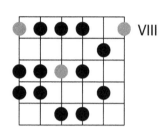
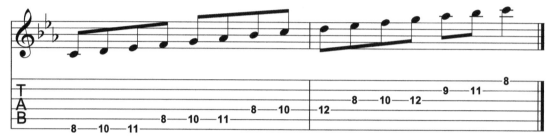

Do menor armónico

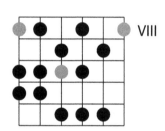

Do mayor pentatónica

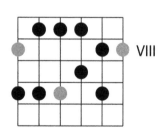

Do menor pentatónica

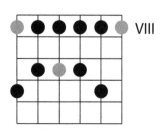
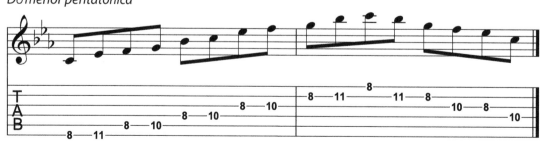

Escalas en el tono de Do (tónica en la 5ª cuerda)

Do mayor

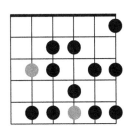
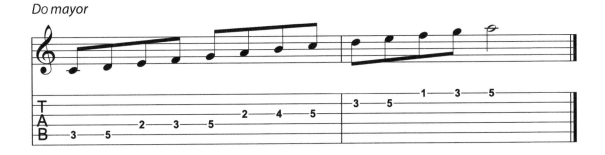

Do menor natural

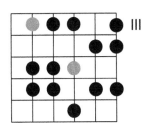

Do menor armónico

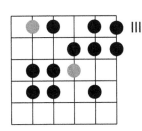

Do mayor pentatónica

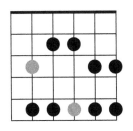

Do menor pentatónica

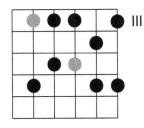

Escalas en el tono de Do♯ o RE♭ (tónica en la 6ª cuerda)

RE♭ mayor

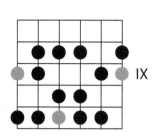

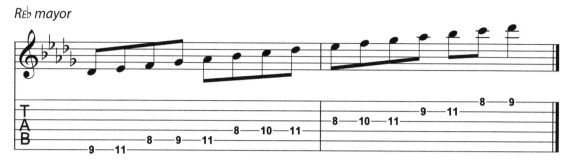

Do♯ o RE♭ menor natural

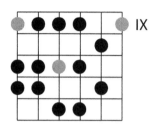

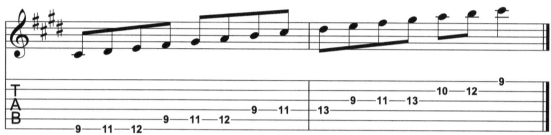

Do♯ o RE♭ menor armónico

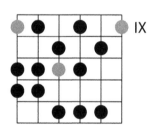

RE♭ mayor pentatónica

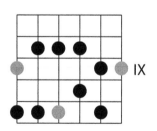

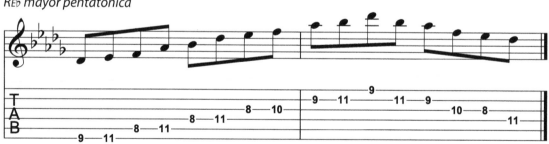

Do♯ o RE♭ menor pentatónica

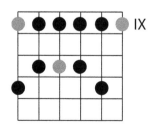

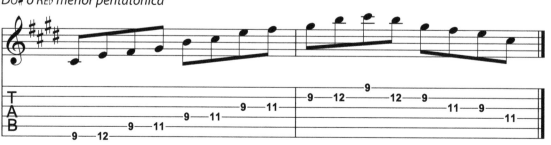

Escalas en el tono de Do♯ o RE♭ (tónica en la 5ª cuerda)

RE♭ mayor

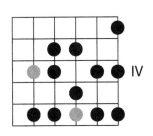
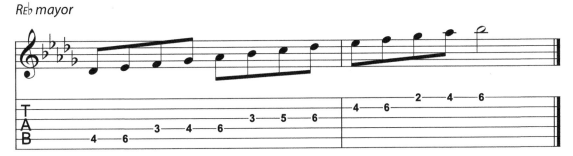

Do♯ o RE♭ menor natural

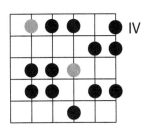

Do♯ o RE♭ menor armónico

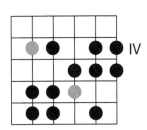

RE♭ mayor pentatónica

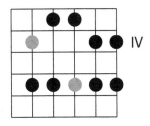
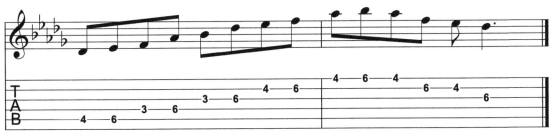

Do♯ o RE♭ menor pentatónica

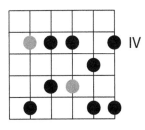

Escalas en el tono de RE (tónica en la 6ª cuerda)

RE mayor

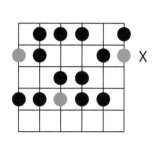

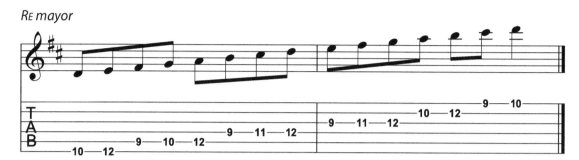

RE menor natural

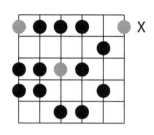

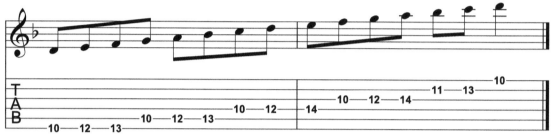

RE menor armónico

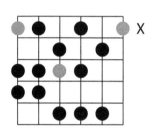

RE mayor pentatónica

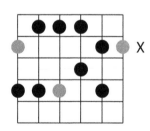

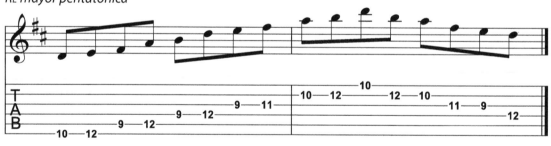

RE menor pentatónica

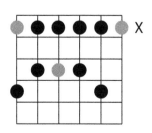

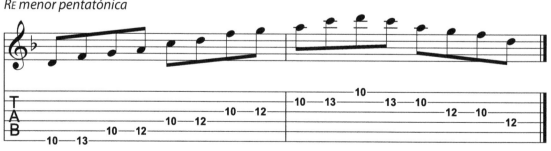

Escalas en el tono de RE (tónica en la 5ª cuerda)

RE mayor

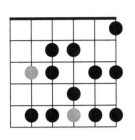

RE menor natural

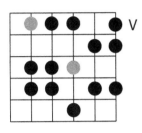

RE menor armónico

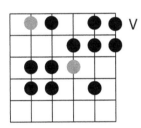

RE mayor pentatónica

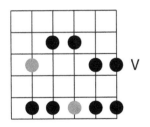

RE menor pentatónica

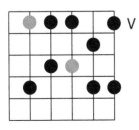
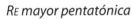

Escalas en el tono de Mi♭ (tónica en la 6ª cuerda)

Mi♭ mayor

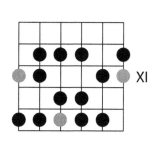

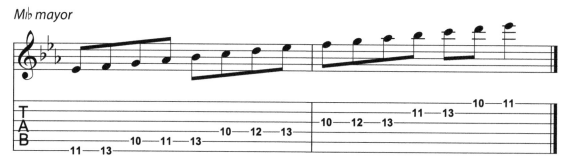

Mi♭ natural menor

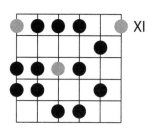

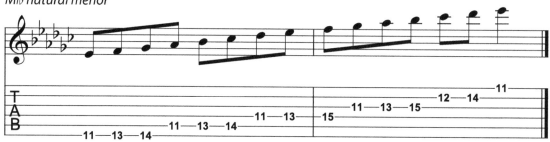

Mi♭ menor armónico

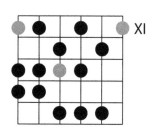

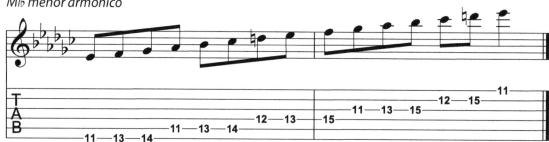

Mi♭ mayor pentatónica

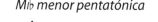

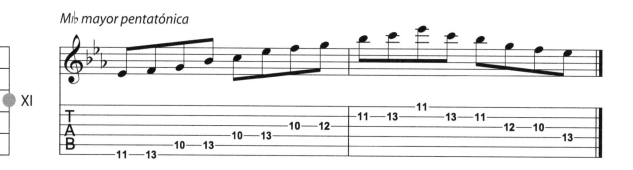

Mi♭ menor pentatónica

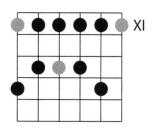

Escalas en el tono de Mi♭ (tónica en la 5ª cuerda)

Mi♭ mayor

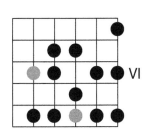
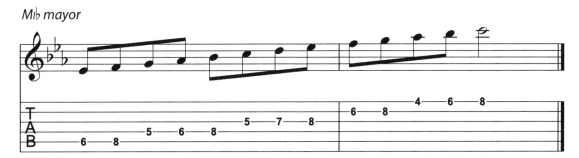

Mi♭ menor natural

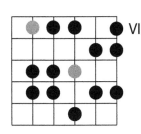
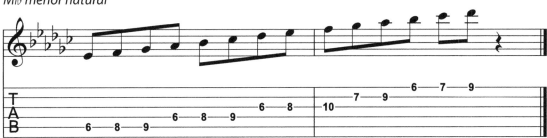

Mi♭ menor armónico

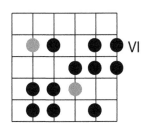

Mi♭ mayor pentatónica

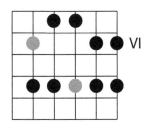
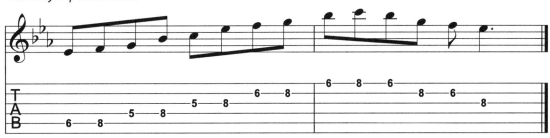

Mi♭ menor pentatónica

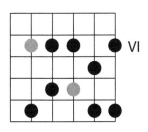
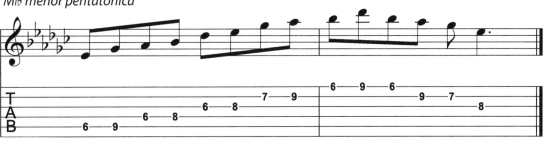

Escalas en el tono de Mi (tónica en la 6ª cuerda)

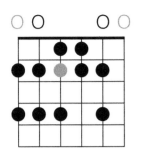

Mi mayor

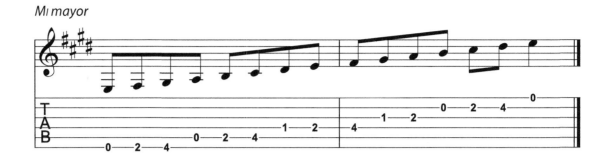

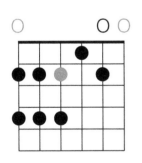

Mi menor natural

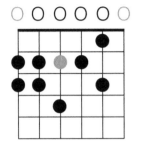

Mi menor armónico

Mi mayor pentatónica

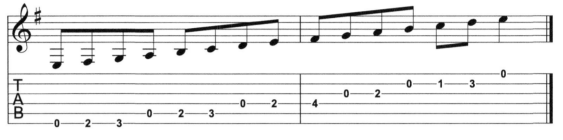

Mi menor pentatónica

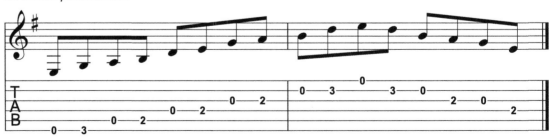

Escalas en el tono de Mı (tónica en la 5ª cuerda)

Mı mayor

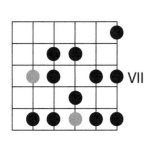
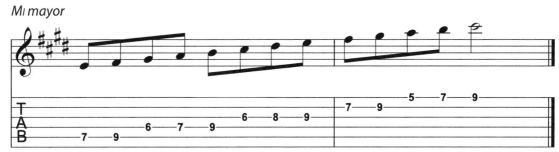

Mı menor natural

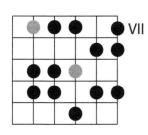

Mı menor armónico

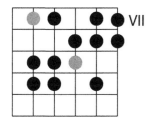

Mı mayor pentatónica

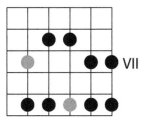
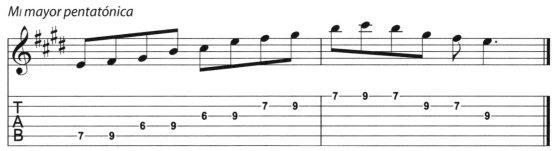

Mı menor pentatónica

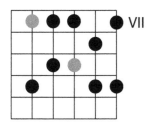
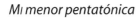

Escalas en el tono de Fa (tónica en la 6ª cuerda)

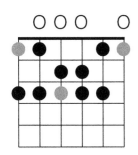

Fa mayor

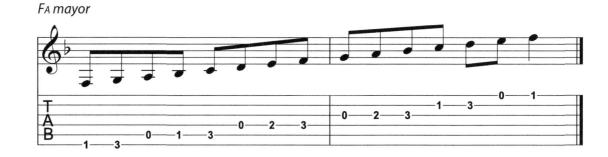

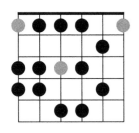

Fa menor natural

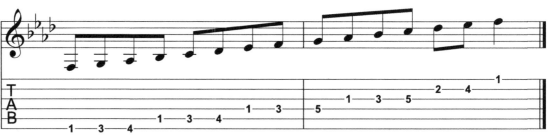

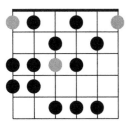

Fa menor armónico

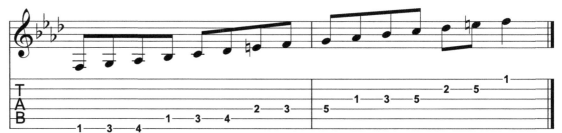

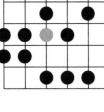

Fa mayor pentatónica

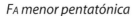

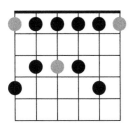

Fa menor pentatónica

Escalas en el tono de FA (tónica en la 5ª cuerda)

FA mayor

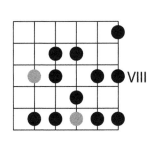
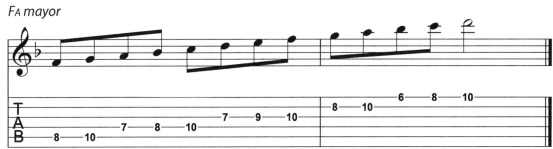

FA menor natural

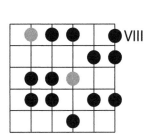
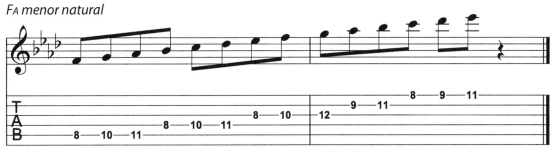

FA menor armónico

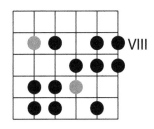

FA mayor pentatónica

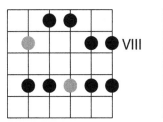
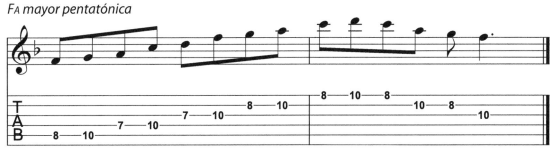

FA menor pentatónica

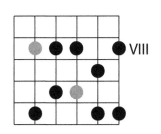
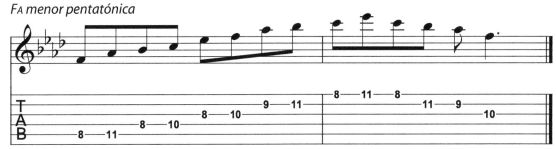

Escalas en el tono de Fa♯ o Sol♭ (tónica en la 6ª cuerda)

Fa♯ mayor

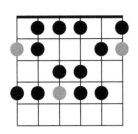

Fa♯ menor natural

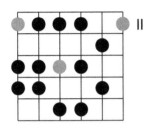

Fa♯ menor armónico

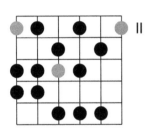

Fa♯ mayor pentatónica

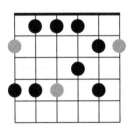

Fa♯ menor pentatónica

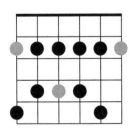

30

Escalas en el tono de Fa♯ o Sol♭ (tónica en la 5ª cuerda)

Fa♯ mayor

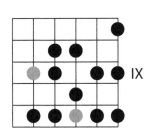
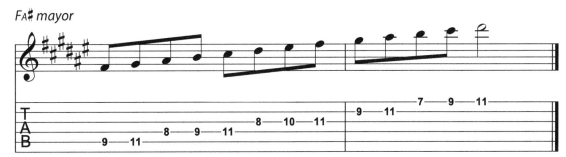

Fa♯ menor natural

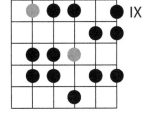
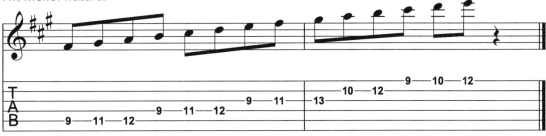

Fa♯ menor armónico

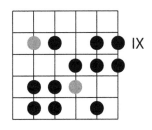
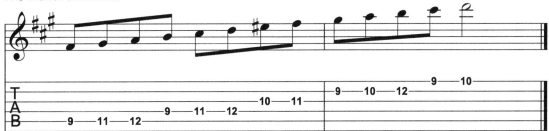

Fa♯ mayor pentatónica

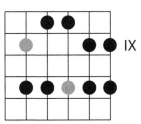
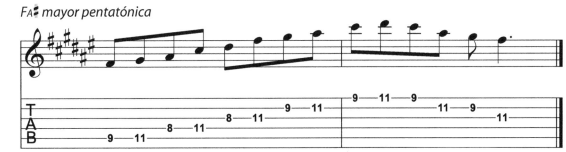

Fa♯ menor pentatónica

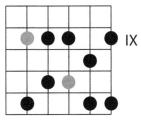
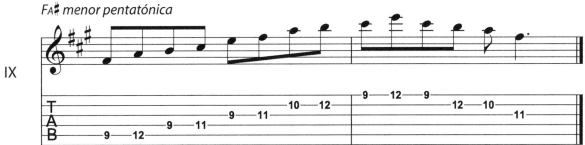

Escalas en el tono de SOL (tónica en la 6ª cuerda)

SOL mayor

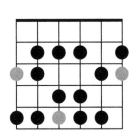

SOL menor natural

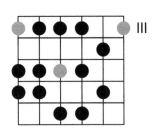
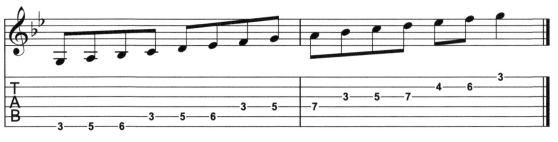

SOL menor armónico

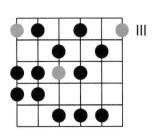

SOL mayor pentatónica

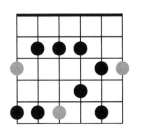

SOL menor pentatónica

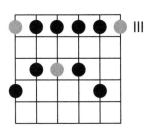

Escalas en el tono de Sol (tónica en la 5ª cuerda)

Sol mayor

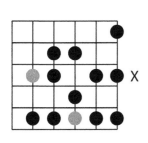
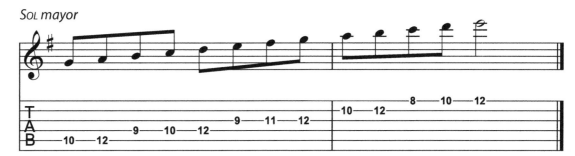

Sol menor natural

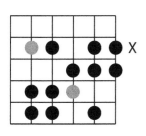
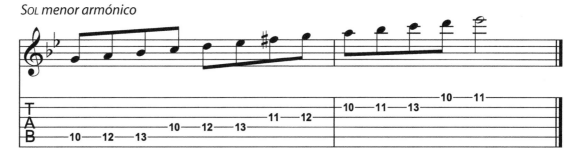

Sol menor armónico

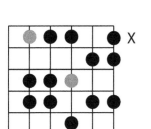
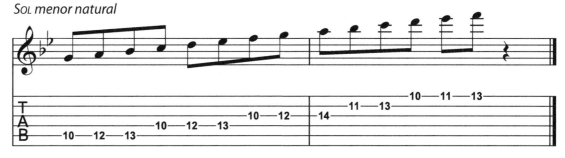

Sol mayor pentatónica

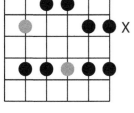
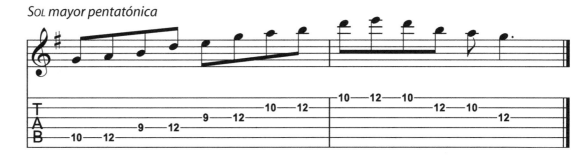

Sol menor pentatónica

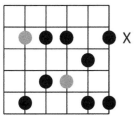
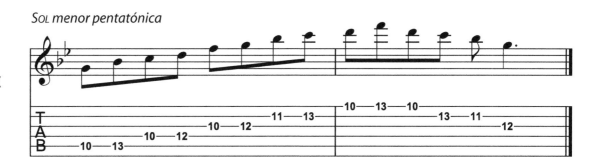

Escalas en el tono de La♭ (tónica en la 6ª cuerda)

La♭ mayor

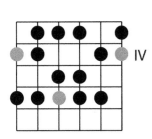

La♭ menor natural

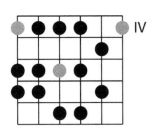

La♭ menor armónico

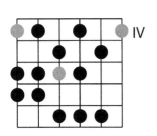

La♭ mayor pentatónica

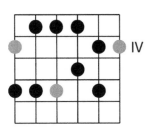

La♭ menor pentatónica

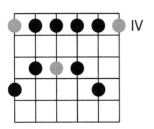
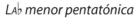

Escalas en el tono de La♭ (tónica en la 5ª cuerda)

La♭ mayor

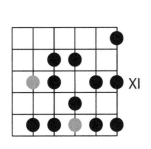

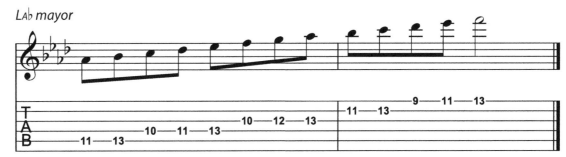

La♭ menor natural

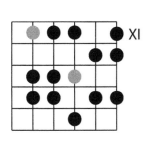

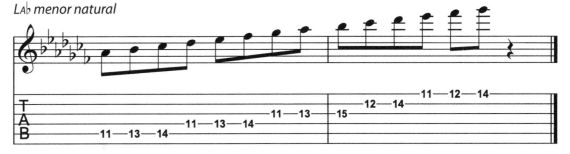

La♭ menor armónico

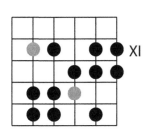

La♭ mayor pentatónica

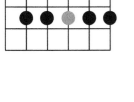

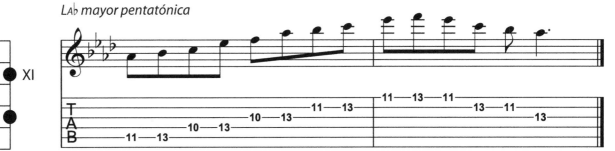

La♭ menor pentatónica

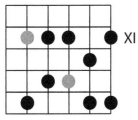

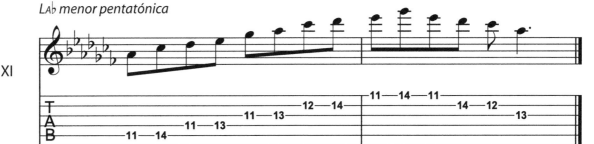

Escalas en el tono de LA (tónica en la 6ª cuerda)

LA mayor

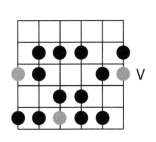
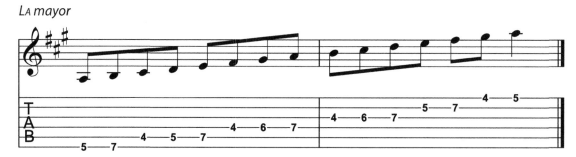

LA menor natural

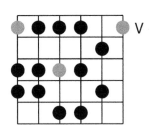

LA menor armónico

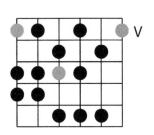

LA mayor pentatónica

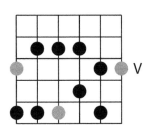
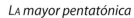

LA menor pentatónica

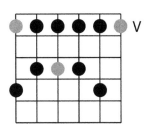
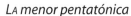

Escalas en el tono de La (tónica en la 5ª cuerda)

La mayor

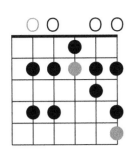

La menor natural

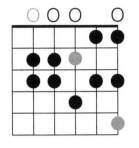

La menor armónico

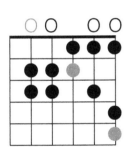

La mayor pentatónica

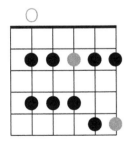

La menor pentatónica

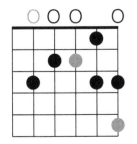

Escalas en el tono de Si♭ (tónica en la 6ª cuerda)

Si♭ mayor

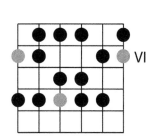

Si♭ menor natural

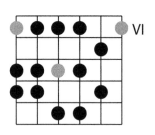
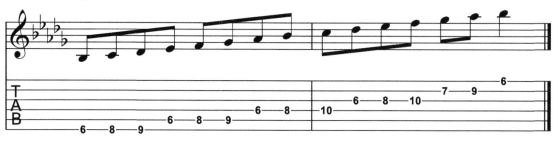

Si♭ menor armónico

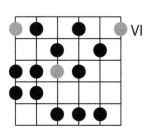

Si♭ mayor pentatónica

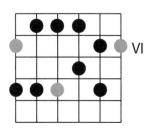

Si♭ menor pentatónica

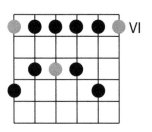
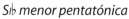
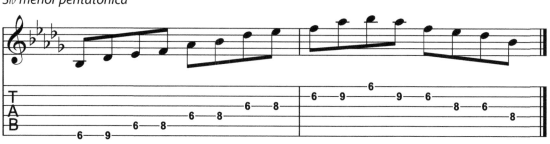

Escalas en el tono de Si♭ (tónica en la 5ª cuerda)

Si♭ mayor

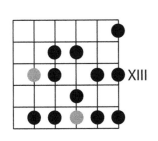
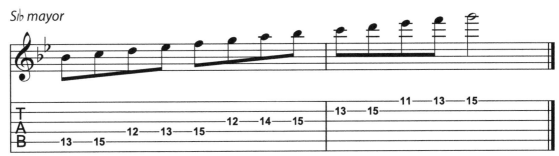

Si♭ menor natural

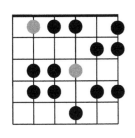

Si♭ menor armónico

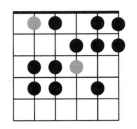

Si♭ mayor pentatónica

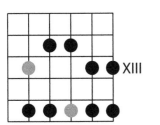
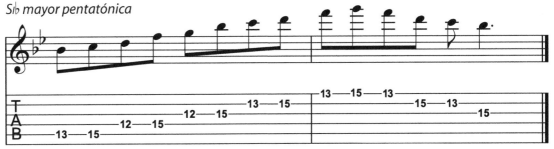

Si♭ menor pentatónica

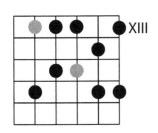
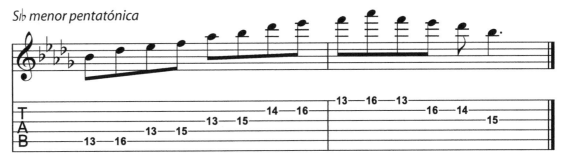

Escalas en el tono de Sı (tónica en la 6ª cuerda)

Sı mayor

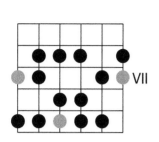

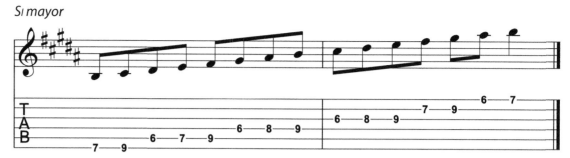

Sı menor natural

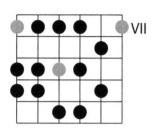

Sı menor armónico

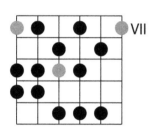

Sı mayor pentatónica

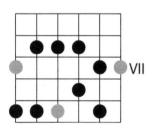

Sı menor pentatónica

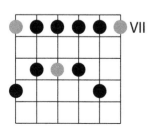

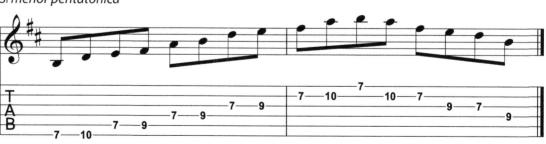

Escalas en el tono de Sı (tónica en la 5ª cuerda)

Si mayor

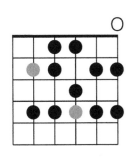

Si menor natural

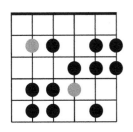

Si menor armónico

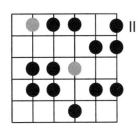

Si mayor pentatónica

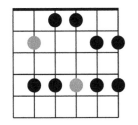

Si menor pentatónica

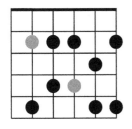

Presentación de modos y escalas avanzadas

¿Qué es un modo?

Un *modo* se define como la selección de notas que componen una escala para formar la sustancia tonal de una pieza musical. Todos los modos son posibles en cualquier tonalidad. Por ejemplo, al tocar todas las teclas blancas del piano de forma ascendente de Do a Do (C a C) tenemos un sonido de Do (C) mayor; pero más concretamente, en la tonalidad de Do (C) mayor, el orden de notas de Do a Do (C a C) proporciona un modo *Jónico*. Si haces el mismo ejercicio tocando de Re a Re (D a D) en las teclas blancas del piano, sigues tocando notas en la tonalidad de Do (C) mayor pero la tonalidad de las notas que tocas suenan en una tonalidad menor. Las notas de Re a Re (D a D) forman un modo *Dórico*.

Para ilustrar este punto de forma más clara, intenta imaginar el sonido de una escala de Do (C) mayor como un color; digamos azul. Trata de imaginar todo los modos en Do (C) mayor como distintos tonos de azul. Siguen compartiendo el color común que es el azul, pero cada modo es un poco más oscuro o más claro que el otro.

A continuación, encontrarás todos los modos que se construyen sobre la escala de Do (C) mayor. Al usar la escala mayor como base, notarás claramente dónde ocurren todas las alteraciones en la escala. Encontrarás una definición o descripción para cada modo una *fórmula* basada en los grados de la escala (números normales), una *construcción* que describe la forma en la que se distribuyen los tonos (T) y los semitonos (S), y por último, los *tipos de acordes* o armonía disponible relacionados con ese modo en particular. Los acordes están basados en la armonía de cuatro partes o acordes de séptima.

Aunque los modos se pueden derivar de cualquier escala, los siete modos habituales o auténticos se construyen sobre la escala mayor. Veamos más a fondo estos modos.

Pista 37 *Jónico* es el nombre del modo que se da a la escala mayor. El sonido de esta escala es la base fundamental de la mayoría de nuestra música. El modo Jónico se construye en el primer grado de la escala mayor y funciona bien sobre cualquier acorde mayor.

MODO: Jónico
FÓRMULA: 1 2 3 4 5 6 7 8
CONSTRUCCIÓN: T T S T T T S
TIPO DE ACORDE: mayor

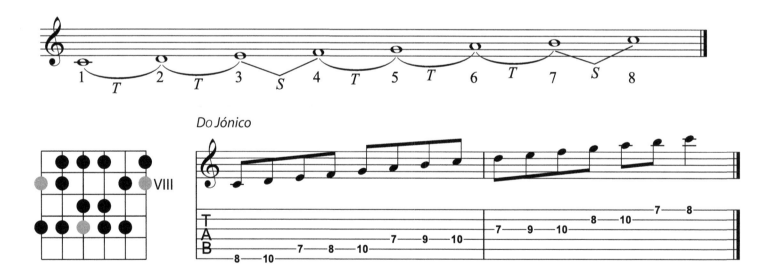

Do Jónico

 **Dórico** es una escala menor que se construye sobre el segundo grado de la escala mayor. El sonido producido por la secuencia de notas de esta escala no es tan *sombrío* como la escala menor natural (o modo *Eólico*, del que se trata más adelante). Esto se debe al sexto grado inalterado de la escala Dórica. La escala menor natural tiene un ♭6 lo que produce un sonido más *pesado* o *sombrío*. El modo Dórico ha sido uno de los favoritos de los músicos actuales de *rock* y *jazz*. Los semitonos en el modo Dórico ocurren entre los grados 2 y 3 de la escala y los grados 6 y 7 de la escala. Esta escala funciona bien sobre cualquier acorde menor.

MODO: Dórico
FÓRMULA: 1 2 ♭3 4 5 6 ♭7 8
CONSTRUCCIÓN: T S T T T S T
TIPO DE ACORDE: menor

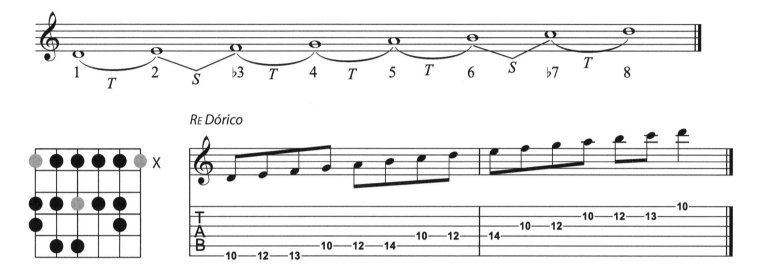

RE Dórico

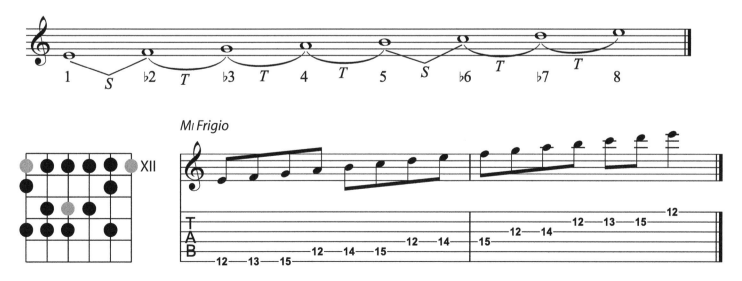

Frigio es una escala menor construida en el tercer grado de la escala mayor. Aunque el sonido global de esta escala es menor, los grados ♭2 y ♭6 producen un sabor exótico. En la música antigua, este modo se usaba para crear una cualidad solemne y se usa también para ese propósito en la música actual de *rock* y *heavy metal*. El modo Frigio sin embargo, se usa también para añadir un sonido distintivamente latino a la música *pop* y al *rock*. Los semitonos del modo Frigio ocurren entre los grados 1 y 2 de la escala y los grados 5 y 6 de la escala.

MODO: Frigio
FÓRMULA: 1 ♭2 ♭3 4 5 ♭6 ♭7 8
CONSTRUCCIÓN: S T T T S T T
TIPO DE ACORDE: m, m add♭9, m7, m7♭9, m(♭9,♭13)

MI Frigio

Pista 40 **_Lidio_** es un modo que suena mayor y que está construido en el cuarto grado de la escala mayor. El sonido que crea este modo se parece bastante a la escala mayor con excepción del grado 4 de la escala. El ♯4 grado (o trítono) crea una serie de tres tonos de la nota principal que invoca una sensación de misterio. Este modo lo utilizan muchos músicos de _jazz_ sobre los acordes maj7; sin embargo, los músicos de _rock_ y _blues_ progresivo usan también esta escala sobre el acorde ♭VI en una progresión menor. Los semitonos del modo Lidio ocurren entre los grados 4 y 5 de la escala y los grados 7 y 8 de la escala.

MODO: Lidio
FÓRMULA: 1 2 3 ♯4 5 6 7 8
CONSTRUCCIÓN: T T T S T T S
TIPO DE ACORDE: maj, maj add♯11, maj7♯11, maj13♯11

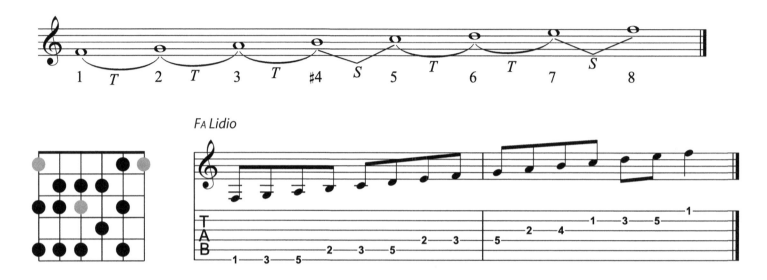

FA Lidio

Pista 41 **_Mixolidio_** es un modo de sonido dominante construido sobre el quinto grado de una escala mayor. Aunque este modo es mayor por su naturaleza, el grado ♭7 de la escala lo distingue de sus modos mayores parecidos. Este modo ha inspirado muchas frases musicales y melodías de _rock, blues_ y _jazz_; además, sirve para improvisar sobre los acordes dominantes. Los semitonos del modo Mixolidio ocurren entre los grados 3 y 4 de la escala y los grados 6 y 7 de la escala.

MODO: Mixolidio
FÓRMULA: 1 2 3 4 5 6 ♭7 8
CONSTRUCCIÓN: T T S T T S T
TIPOS DE ACORDES: sus4, 7, 9, 13, y todos los acordes dominantes sus4

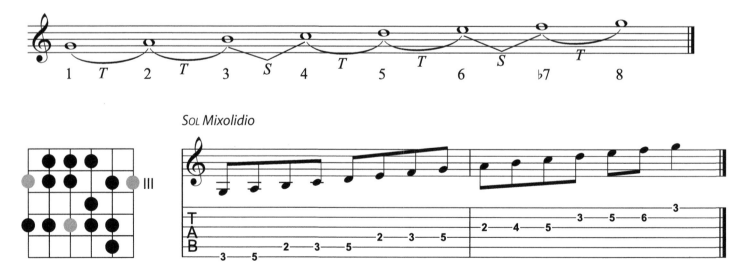

SOL Mixolidio

Eólico se conoce también como la *escala menor natural* y se construye sobre el sexto grado de la escala mayor. Aunque existen muchas otras escalas menores, el modo Eólico es el que más se usa estas, y se le considera como la verdadera tonalidad menor. La escala Eólica sirve de base para la armonía de la escala menor.

Los semitonos de esta escala ocurren entre los grados 2 y 3 de la escala y entre los grados 5 y 6 de la escala.

MODO: Eólico
FÓRMULA: 1 2 ♭3 4 5 ♭6 ♭7 8
CONSTRUCCIÓN: T S T T S T T
TIPOS DE ACORDES: m, m add♭6, m7, m9, m11, m9♭13

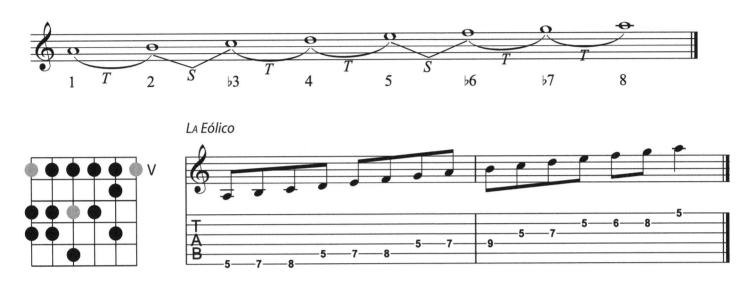

La Eólico

Locrio se construye en el séptimo grado de la escala mayor. Esta escala se construye sobre una triada disminuida, o más concretamente, sobre un acorde de séptima medio disminuida (m7♭5) por lo que su uso es bastante limitado. La tensión que este modo crea sin embargo, hace de la escala locria una poderosa herramienta para la improvisación en la tonalidad menor (como han descubierto varios músicos de *jazz* y de música de fusión de *jazz*). Los artistas que interpretan el *blues* progresivo han añadido también este modo a su repertorio para las situaciones que requieren sustitución. Los músicos de *heavy metal* han disfrutado también los siniestros sonidos que se esconden en esta escala. Los semitonos de esta escala ocurren entre los grados 1 y 2 de la escala y entre los grados 4 y 5 de la escala.

MODO: Locrio
FÓRMULA: 1 ♭2 ♭3 4 ♭5 ♭6 ♭7 8
CONSTRUCCIÓN: S T T S T T T
TIPOS DE ACORDES: °, m7♭5

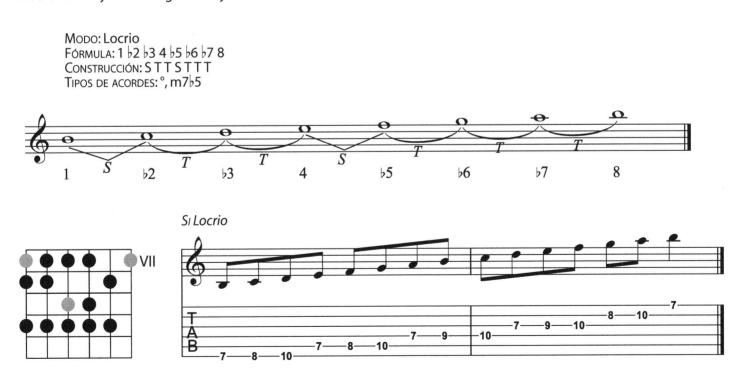

Si Locrio

Tres notas por cuerda

Esta sección final presenta patrones de escalas basadas en tres notas por cuerda. Muchos músicos contemporáneos de *rock* y *jazz* prefieren estos patrones porque proporcionan una gama musical más amplia y un patrón de plumilleo simétrico. Esto facilita tocar tresillos, seisillos y pasajes rápidos ya que sólo te tienes que concentrar en la mano del brazo. A continuación están las tres escalas más populares que usan esta técnica. Intenta aplicar los patrones de práctica a estas formas de escalas y observa con qué rapidez puedes tocar sobre el brazo.

Do mayor

Do menor natural

Do menor armónico

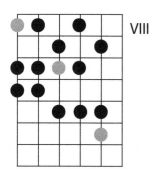